MONIKA VAICENAVIČIENĖ

¿QUÉ ES UN RÍO?

OCEANO travesía

Estamos a la orilla del río.

Estoy cortando flores. Cada una significa algo: las margaritas, amor; los tréboles, salud, y los juncos, resiliencia. Pronto podré hacer una corona.

La abuela trajo tela, hilo y aguja. Está bordando un mantel.

El río despide destellos en la sombra, refleja los árboles y las flores. Se oculta bajo su superficie, igual que nosotros, ¿verdad?

Río, ¿quién eres? Abue, ¿qué es un río?

UN RÍO ES UN HILO,

dice la abuela.

Borda nuestro mundo con hermosos diseños, hilvana historias, enlaza lugares, épocas y personas.

Los ríos representan una fracción diminuta del agua del planeta,
¡apenas 0.0002%! Como una cucharadita en una gran bañera.
Pero piensa en todos los poderes de los ríos:
nos transportan y renuevan, nos reúnen y hacen recordar,
nos aterran e inspiran. Veamos...

SE DESBORDA
EL RÍO

UN RÍO ES UNA TRAVESÍA

De un manantial burbujeante,
un hueco en un glaciar, un espeso
pantano o un silencioso lago,
de ahí nacen los ríos.
Un parpadeo ¡y empiezan a correr!

Los ríos visitan muchos lugares en su camino:
campos y ciudades, bosques y praderas,
la estepa y la tundra, montañas y valles.
Atraviesan calor y frío; saltan
desde las cascadas, se deslizan perezosos
por los pantanos, trazan recodos
y meandros y se hunden bajo la tierra.
Esculpen cañones y arrastran sedimentos
hasta el mar, formando deltas.

Los ríos se unen enlazando lugares y personas.
El Nilo, el río más largo del mundo, ¡visita
a muchísima gente en su recorrido por África!
El Danubio, en Europa, atraviesa once países
y recibe agua de nueve ríos más.

MEANDRO

ESTUARIO

DELTA

RÍO TRENZADO

Los ríos corren bajo puentes y reposan tras diques.
¡Así llegan hasta nosotros!

LIBÉLULA

TORTUGA CHARAPA

OSO ATRAPANDO UN SALMÓN

UN RÍO ES UN HOGAR

CAPIBARA

Los ríos son hogar de criaturas asombrosas: mamíferos, aves, peces, insectos, reptiles, todos tienen su sitio en un hábitat fluvial. Algunos de los ecosistemas más diversos de la Tierra son ríos.

HIPOPÓTAMOS

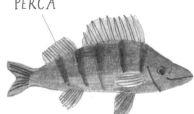

La gente siempre ha vivido cerca de ríos. Las primeras civilizaciones nacieron en los valles del Tigris y el Éufrates,

el Nilo,

PERCA

el Indo

y el río Amarillo,

donde las corrientes depositaban materia fértil y creaban caminos.

GRULLA CANADIENSE

ARAPAIMA

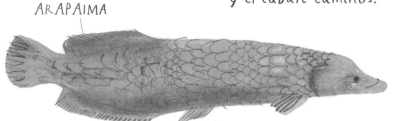

CISNE

CHINCHE PATINADORA

OSTRA PERLÍFERA
DE AGUA DULCE

MARTÍN PESCADOR

Los ríos aún nos ayudan. Nos traen agua para beber y lavar.
Nos dan de comer. Riegan los campos donde cultivamos nuestros alimentos
y los de nuestros animales, las flores para los festivales, el algodón
para la ropa. Fábricas y minas aprovechan su energía. Proveen arena
y grava para la construcción. Generan electricidad. Transportan nuestros
bienes en grandes buques o pequeñas embarcaciones.

En reconocimiento por su ayuda, varios
países tienen el nombre de un río:

ORNITORRINCO

Belice: río Belice
Bosnia: río Bosna
República del Congo y
República Democrática
del Congo: río Congo
Gambia: río Gambia
India: río Indo
Jordania: río Jordán
Moldavia: río Moldava
Níger: río Níger
Nigeria: río Níger
Paraguay: río Paraguay
Senegal: río Senegal
Uruguay: río Uruguay
Zambia: río Zambeze

DELFÍN DEL IRAWADI

DELFÍN ROSADO

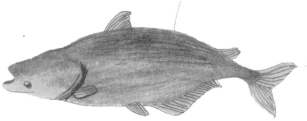
BAGRE GIGANTE DEL MEKONG

NUTRIA GIGANTE

GARZA

TRUCHA ARCOÍRIS

UN RÍO ES FRESCURA

Los ríos reaniman la tierra. Sólo hay que mirar el delta del Okavango en Botswana: cada año el río Okavango inunda las planicies y crea un maravilloso humedal ¡en pleno desierto!

Las plantas crecen, los animales regresan y el sol resplandece en los charcos. La zona se llena de vida.

EL FILÓSOFO HERÁCLITO

Los ríos refrescan nuestra mente. Nos regalan la bruma de la mañana y el canto de las aves al atardecer. Alivian nuestros pies cansados. Los ríos limpian nuestros pensamientos y renuevan nuestra mirada.

¿Qué ocurre cuando los ríos desaparecen? ¿Conoces la triste historia del lago Aral, alguna vez tan grande que lo llamaban el mar de Aral, y de sus afluentes, los ríos hermanos Amu Daria y Sir Daria? La gente desvió sus aguas para regar los campos y el Aral, privado de alimento, se redujo a la décima parte de su tamaño, dejando tras de sí páramos y barcos oxidados.

BAUTISMO EN EL RÍO JORDÁN

UN RÍO ES UN NOMBRE

Los nombres de los ríos provienen de distintos lugares.

Hay ríos con nombres muy antiguos, derivados de lenguas que se hablaban mucho antes de que existieran los países actuales.

Hay ríos con nombres que describen su movimiento, como el Tigris, el Rin y el Ganges.

Hay ríos con nombres de colores, como el río Negro, el río Colorado y el río Amarillo o Huang He.

Hay ríos con nombres que describen su tamaño y fuerza, por ejemplo el Misisipi, el Zambeze o el río Bravo.

RÍO AMAZONAS

El río más caudaloso del planeta es el Amazonas: por él corren cerca de 20% de las aguas fluviales del mundo. Cada segundo lleva al mar casi la misma cantidad de agua que todos los ríos de América del Norte y Europa juntos. Su caudal es tan poderoso que los marineros pueden sentir el sabor de su agua dulce ¡a 200 km de la costa!

ESPAÑA

GRECIA

REINO DE LAS
AMAZONAS

¿De dónde viene el nombre del Amazonas?
Según la leyenda, de la expedición
de Francisco de Orellana, durante la feroz
colonización española de América del Sur.
Cuando subía por el río, la expedición encontró a
un grupo de mujeres guerreras. Orellana recordó a
las amazonas, las feroces mujeres que según el mito griego
vivían en algún sitio en el Oriente. Y lo llamaron río Amazonas.

Así, el nombre de este poderoso río tiene una historia que,
como sus corrientes, se extiende más allá de su lugar de nacimiento.

Los nombres de algunos ríos son tan antiguos que su origen
se pierde en el tiempo y no sabemos de dónde vienen.

Pero sabemos que el nombre de cada río encierra una historia,
a veces de amor, a veces de conquista.

UN RÍO ES UN LUGAR DE ENCUENTRO

Los ríos nos congregan en sus aguas. Cada año, millones de peregrinos acuden a lavar sus pecados en los ríos sagrados de la India.

En sus márgenes se celebra el peregrinaje del Kumbh Mela, una de las reuniones pacíficas más grandes del mundo.

Las zonas en torno a los ríos figuran
entre las más densamente pobladas:
el delta del río de las Perlas en China
es la zona urbana más grande del mundo.

EL RÍO GANGES

ESPÍRITU CUYO NOMBRE
DEBES ADIVINAR

CABALLO BLANCO TENTÁNDOTE
A SEGUIRLO EN LA NIEBLA

UN RÍO ES UN
ACERTIJO

Los ríos esconden muchos secretos.
¿Qué nos aguarda tras sus recodos?
¿Qué carta inesperada pueden
traernos sus aguas? ¿Qué luz
es esa que parpadea a lo lejos?
¡Una luciérnaga, la fogata de una
balsa o un travieso fuego fatuo?
¿Qué aventuras podrías correr
al anochecer a la orilla de un río?
¿A quién podrías encontrar?

DELFÍN DE RÍO CON EL DON
DE LA METAMORFOSIS

EL REY SALMÓN,
TAN VIEJO COMO EL TIEMPO

SIRENA CANTANDO
SUAVEMENTE

UN RÍO ES MEMORIA

Los ríos atesoran el pasado de la Tierra. Albergan especies, llamadas fósiles vivientes, que existieron mucho antes que los dinosaurios. Las corrientes de los ríos van desgastando las rocas de los cañones y revelando capas cada vez más antiguas.

AMIA

ESTURIÓN

PEJELAGARTO

LAMPREA

PEZ ESPÁTULA

Hace mucho tiempo se pensaba que en el inframundo había un río mágico llamado Lete. Las personas que bebían de sus aguas lo olvidaban todo. ¿Pueden desaparecer los pensamientos sin dejar rastro? Tal vez cuando la gente se agachaba para beber del río sus recuerdos caían al agua y se hundían hasta el fondo del lecho fluvial.

La gente olvida, pero tal vez sus recuerdos aún se encuentren en las profundidades de los ríos y algún día floten hasta la superficie.

UN RÍO ES UN OLOR

¿A qué huele un río?
¿Puedes describirlo?

El fresco aroma de un arroyo
de agua fría. La fragancia húmeda
del fango durante la marea baja.
Algas que se secan al sol sobre
las piedras. El dulce perfume
de los capullos del cerezo cuando
la brisa sopla río abajo.
Lo que promete una canasta
en un día de campo...

Ahora imagina los campos de lotos en flor en el delta del río Volga durante el verano. O los mercados flotantes del río Mekong, barcos que venden de todo: fruta fresca, pescado, flores, especias...

Los ríos del mundo pueden oler a tantas cosas... Y no todas son agradables. Pero seguramente eso ya lo sabes.

¿Qué cosas te cuenta el olor de un río? Inhala. ¿Percibes el olor de la abundancia? ¿El de la aventura?

UN RÍO ES PROFUNDIDAD

Sin importar cuán hondo
sea un río, siempre hay cosas
bajo su superficie. Algo
se esconde en el fondo:
piedras, plantas, tesoros.
¿Qué historias abrirán las
llaves arrojadas a los ríos?

¿Qué se ocultará en las
profundidades del Congo,
el río más hondo del mundo?

Corrientes tan fuertes que en cada orilla
han evolucionado especies distintas.

Más de 700 especies de peces.

Incontables relatos,
alegrías y pesares.

Millones de lágrimas derramadas cuando
un codicioso rey extranjero gobernó el río sin piedad por su pueblo.

¿Quién podrá contar
las lágrimas que han caído
en todos los ríos?

¿Será por las lágrimas
que los mares son salados?

MÁS DE 220 METROS DE PROFUNDIDAD; MÁS HONDO QUE CUATRO CATARATAS DEL NIÁGARA UNA SOBRE OTRA

UN RÍO ES ENERGÍA

Los ríos son fuerzas poderosas. Piensa en las inundaciones ¡o las ESTRUENDOSAS CATARATAS!

Las cataratas de Guairá del río Paraná, en América del Sur, alguna vez tuvieron un volumen de agua mayor que cualquier otra cascada del mundo, y su estruendo alcanzaba a oírse a 30 kilómetros de distancia.

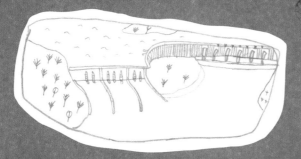

Itaipú, también en el río Paraná, es una de las represas hidroeléctricas más grandes del mundo. Abastece de energía renovable y agua a muchas personas en Brasil y Paraguay.

Las cataratas de Guairá quedaron sumergidas bajo un embalse cuando se construyó la represa de Itaipú. Al cabo de unos años fueron dinamitadas para facilitar la navegación y desaparecieron para siempre.

Itaipú significa "piedra que suena" en guaraní. Se dice que la estruendosa voz de las cataratas sigue cantando en el ruido de las turbinas, ¿pero de qué tratará ahora su canción?

Desde la Antigüedad la gente ha usado la energía de los ríos para satisfacer sus necesidades. Ha construido represas, diques y canales para controlar las inundaciones y extraer energía. La energía hidroeléctrica generada por ríos representa hoy alrededor de 16% de la electricidad del mundo.

Pero al margen de sus beneficios, las grandes presas pueden causar muchos problemas. Dañan el hábitat de los animales, desplazan a la gente de sus hogares, alteran los ecosistemas y debilitan las corrientes de los ríos.

Quien controla el agua controla también la vida. Es una enorme responsabilidad.

UN RÍO ES UN REFLEJO

Los ríos reflejan todo lo que los rodea. ¿Pero qué puede reflejar un río cubierto de basura y derrames de petróleo?

Cuando nos detenemos a contemplarlos, vemos cómo en los ríos se refleja nuestra imagen, nuestra limpieza y nuestro desaseo.

ALEJANDRO MAGNO

FERTILIZANTES Y PLAGUICIDAS AGRÍCOLAS

AGUAS RESIDUALES TÓXICAS DE FÁBRICAS

DERRAMES DE PETRÓLEO

ESCURRIMIENTO DEL DRENAJE

RESIDUOS DE LA MINERÍA

Por siglos se han contado historias sobre una milagrosa fuente de la juventud que revierte el envejecimiento y cura los males, y sobre quienes la han buscado.

JUAN, EL MISTERIOSO REY MEDIEVAL

CONQUISTADOR ESPAÑOL

Acércate a cualquier río y, si nada obstruye tu mirada, verás cómo fluye la fuente de la vida.

CYGNUS
O EL CISNE

UN RÍO ES UN CAMINO

Los ríos forman caminos del pasado
al presente y al futuro, y de tierras
remotas a nuestros hogares y a horizontes
lejanos. Acercan los lugares distantes y
transforman a desconocidos en nuestros vecinos.

En una noche clara verás el fulgor de una franja de
estrellas que surca el cielo. Algunos la llaman Vía Láctea,
otros Ruta de las Aves y otros más Río Plateado.

Pasea tu mirada por el firmamento. Ten la seguridad de que tus ojos
no son los únicos atrapados en su corriente.

UN RÍO ES EL OCÉANO

Los antiguos griegos pensaban que el mundo estaba rodeado por el gran río Oceanus, que era la fuente de toda el agua en la Tierra. La palabra "océano" viene de ahí.

Mira a tu alrededor:
es verdad. Toda el
agua del mundo
es un gran
río circular
en constante
movimiento
gracias al
ciclo del agua.
Desde el origen
del planeta hasta
nuestros días
discurre en
mares, lagos,
agua subterránea,
nubes y organismos
vivientes. La misma
agua fluye en cada
árbol, cada pez
y cada insecto.
En cada vena.
En ti y en mí.
En cada río.

El sol se oculta en el horizonte.

La abuela tiene frío. ¡Volvamos a casa!

¡Pero ya se acabó la historia del río?

La abuela sonríe.

Mucha gente
ha contado historias
sobre los ríos. Pintores, escultores,
compositores, artesanos, exploradores,
cartógrafos, legisladores, activistas, filósofos,
peregrinos, poetas, conquistadores, comerciantes, pescadores,
científicos y muchos otros. Cada quien ha respondido a su manera
qué es un río: un color, un sonido... ¿Qué más?

Sin sus historias, la nuestra queda inconclusa.

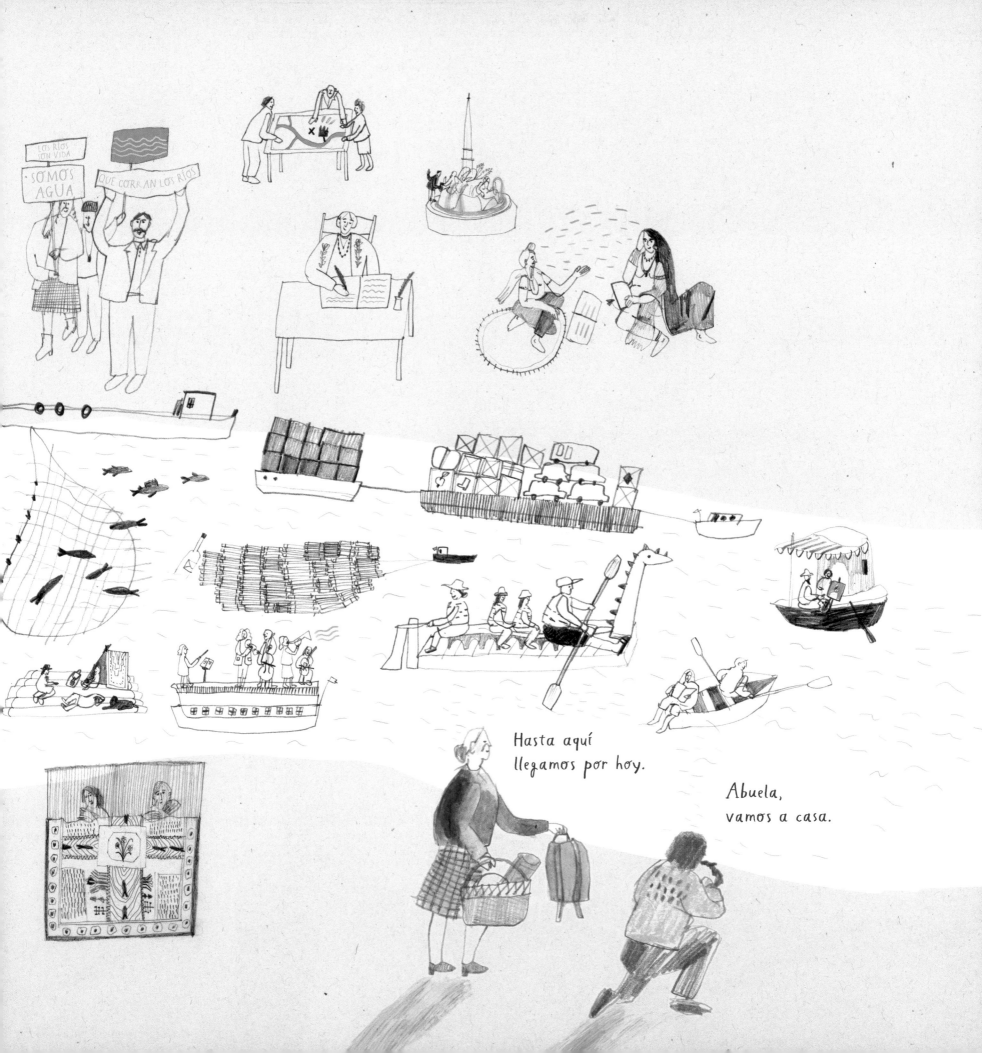

Hasta aquí
llegamos por hoy.

Abuela,
vamos a casa.

Ya nos vamos.
Pero ahora sé qué
es mi río: una historia
que no tiene final.

Termino mi corona
y dejo que se la lleve
la corriente.

Monika Vaicenavičienė nació en Vilnius, Lituania. Estudió en la Academia de Artes de Vilnius y en Konstfack, Colegio Universitario de Artes, Artesanía y Diseño en Estocolmo. Este libro forma parte de su proyecto para obtener el grado de maestría en Konstfack.

Pueden verse más obras de Monika en www.monika.vaicenaviciene.com

Gracias a ustedes...

a los geógrafos,
doctor Nick Middleton, de la Universidad de Oxford,
y Moa Holmlund, de la Universidad de Estocolmo,
por la sabiduría y el tiempo que le brindaron a este libro;

a mis compañeros de clase en la Universidad Konstfack de Estocolmo
por sus acertados comentarios a los primeros borradores,
a Jenny Franke, de Opal, por su trabajo
editorial, a mi familia y a todos
aquellos que se dedican
a proteger nuestro
planeta

¿Qué es un río?

Título original: *Van är en Flod?*

© 2019 Monika Vaicenavičienė (texto e ilustraciones)
© 2019 Bokförlaget Opal AB, Estocolmo
Originalmente publicado en Estocolmo en 2019
por Bokförlaget Opal AB

Traducción: Virginia Aguirre Muñoz

D.R. © Editorial Océano, S.L.
Milanesat 21-23, Edificio Océano
08017 Barcelona, España
www.oceano.com

D.R. © Editorial Océano de México, S.A. de C.V.
Homero 1500-402, col. Polanco
Miguel Hidalgo, 11560, Ciudad de México
www.oceano.mx
www.oceanotravesia.mx

Primera edición: 2019

ISBN: 978-607-527-771-4

Depósito legal: B-7503-2019

IMPRESO EN ESPAÑA/*PRINTED IN SPAIN*

9004710010319